AF264091

UN AVEUGLE

DE NAISSANCE.

(Notice lue à la Société royale d'Emulation et d'Agriculture de l'Ain.)

UN AVEUGLE

DE NAISSANCE.

Benoît Meurnai habite le hameau des Plaines, commune de Vonnas, département de l'Ain; aveugle de naissance, il est parvenu jusqu'à l'âge de 30 ans sans avoir appris aucun état; il n'a d'autre profession que celle de journalier, allant à l'ouvrage chez les uns ou les autres et s'occupant de choses à sa portée. Une longue habitude d'observation lui a rendu familiers tous les chemins de sa commune. Aidé de son bâton, il visite toutes les fermes du voisinage. On est tellement étonné de lui voir faire ses courses avec tant de succès, que chacun se dit : Il faut qu'il y voie clair! Cependant il n'en est rien, trop malheureusement pour lui.

Ayant entendu raconter de ce jeune homme beaucoup de choses extraordinaires, et m'étant aperçu plusieurs fois de l'aisance avec laquelle il se dirige partout, j'ai voulu l'interroger sur les détails de sa vie, et m'assurer des moyens qu'il employait pour être ainsi parvenu à se conduire en plein jour comme le reste des hommes. Ses réponses m'ont pleinement satisfait, en même temps qu'elles m'ont pénétré d'admiration pour la Providence qui lui a départi, en compensation de la vue dont il est privé, une mémoire et un sens du toucher aussi complets que possible.

Cet aveugle-né n'a point le globe de l'œil enfoncé, comme on pourrait le croire; il est, au contraire, très-saillant; les paupières sont immobiles, et ne recouvrent pas entièrement cet œil, dont l'aspect est blanc. Une grande irritation nerveuse semble régner dans cet organe, et en effet, il y éprouve, suivant les circonstances, un mal affreux : c'est ainsi que le soleil le fait cruellement souffrir, et que *les yeux lui font mal quand le temps veut changer*; dans ces instans, il ne peut rien manger,

Les yeux sont sa partie faible et imparfaite, voilà pourquoi les grandes influences atmosphériques le font souffrir en cette partie; de même les personnes sujettes aux maux de nerfs, celles qui ont reçu des blessures s'aperçoivent également des variations du temps à ce qu'elles éprouvent dans les parties malades qui sont aussi leur côté faible.

Cet homme n'a donc jamais rien vu; mais les gens qui le connaissent, étonnés de sa facilité à se rendre partout, doutent qu'il soit complètement aveugle. Cette injuste supposition n'aboutit qu'à l'affliger davantage; car, malgré sa résignation à une foule de privations qui lui coûtent moins, en raison de ce qu'il est pour ainsi dire né avec elles, il est très-peiné cependant quand on se moque de lui; il lui arrive quelquefois de faire une chute, de mettre le pied dans la boue ou dans l'eau, de se tromper enfin de temps en temps, ce qui provoque les rires des assistans. Quand Meurnai se fait quelque mal, il rentre en lui-même, se lamentant sur sa pauvre nature; il sent toute son infériorité, ainsi qu'il le dit lui-même; il prend son infirmité en patience, ne se fâche point, ne récrimine pas. Les détails de sa vie, qui se passent sous mes yeux, confirment ce trait de son heureux caractère. Il croit que *tout le monde est fait comme lui*, et cette pensée, vraiment naïve, est certes toute naturelle chez un être qui ne peut en aucune façon se faire une idée de la lumière, et pour qui l'univers reste toujours plongé dans les ténèbres. Cette persuasion pourra étonner; car on se figurera difficilement que Meurnai, qui demande aux autres à le conduire, à l'aider enfin quand il ne voit pas, ne se fasse pas quelque idée que ses pareils sont plus parfaits que lui. Mais qu'importe ! Voilà ce qu'il m'a déclaré lui-même. Maintenant il n'a peut-être pas bien réfléchi sur ce point. D'un autre côté, comment veut-on qu'il ait présent à l'esprit et la lumière et les ressources que lui empruntent les gens voyant clair (1)?

Ainsi son guide à lui, c'est son bâton et sa mémoire. Cela m'amène sans transition à parler du sens du toucher chez cet homme.

C'est avec un bâton que B. Meurnai se conduit, et, presque toujours, il marche, avec ce compagnon fidèle, aussi vite qu'un autre homme. C'est miracle, vraiment, de le voir traverser les champs, les charrières, en précipitant le pas avec assurance, une fois qu'il sent être dans un lieu connu. Je l'ai vu moi-même courir dans plusieurs circonstances, et suivre des sentiers avec tant de certitude, que je me sentais disposé à croire qu'il y voyait clair.

Dans une organisation où la mémoire et les facultés intellectuelles suppléent au sens si intime de la vue, on comprend que le toucher doit être d'une grande perfection ; c'est à l'aide de ce sens qu'il se rend compte de tout, comme il le dit lui-même : *Quand j'ai tâté, j'ai vu.* Il préfère, pour se conduire, son bâton seul à quelqu'un qui lui donnerait la main ; car, dit-il encore, *je serais inquiet, et il faudrait toujours que je tâte avec les pieds.* Quand il est sur une route, il suspend l'emploi de son bâton ; il connaît en marchant s'il s'en écarte ou s'il va droit.

Il a su, par des efforts prodigieux de mémoire, se rendre familiers tous les chemins de Vonnas ; il y a trois ponts à passer pour se rendre au village, il les franchit tout seul sans jamais se tromper ; mais aussi, comme il a toutes ses facultés tendues ! Il a calculé toutes ses distances ; il remarque chaque objet ; ce sont autant de jalons qui voient pour lui et qui lui

---

(1) Depuis que cet article est écrit, Meurnai a reçu un violent coup de poing sur un œil qui s'est fondu ; il s'en applaudit maintenant parce que les variations atmosphériques ou le soleil ne le font plus souffrir que d'un œil : c'est ainsi qu'il se console.

rappellent où il en est de sa route. Il a calculé les hauteurs et *les baisses*, suivant son expression, et suivant qu'il les a franchies, il sait au juste où il se trouve.

Ainsi, tel pont est à tel distance de tel objet; s'il fait du vent, le grand poirier qui se trouve à côté du premier pont lui annonce qu'il approche du bras de la rivière à traverser. Il écoute, et l'air qui se joue dans le feuillage à sa gauche, dans une région élevée, lui démontre que son poirier-guide est là. Cependant il n'aperçoit pas l'ombre des corps, et il se heurte contre vous si vous vous tenez immobile devant lui. Néanmoins, s'il ne marche pas trop vite, le nez et l'oreille lui font pressentir les objets un peu volumineux qu'il rencontre.

Il connaissait toutes ses vaches, savait la couleur de leur poil et le nom de chacune; on leur avait mis une clochette au cou, et c'est ensuite par la différence du son qu'il les reconnaissait. Il les tenait toutes réunies, étant averti par la diminution du bruit des clochettes quand l'une ou l'autre vache s'écartait; il les empêchait ainsi d'échapper à sa surveillance, et les maintenait dans le champ; car il a remarqué que si l'une va dans un endroit, les autres la suivent toutes. Il n'était pas en peine pour les ramener au logis, parce qu'il savait encore qu'elles revenaient seules au bon chemin. Il ne pouvait pas s'amuser comme les autres bergers, il fallait qu'il fût toujours autour de ses vaches. Ainsi, c'est à l'aide d'une tension continuelle d'esprit qu'il pouvait faire, pour les garder sans y voir, ce que d'autres parviennent à accomplir d'un seul coup d'œil. Lorsqu'on pendit les clochettes au cou des vaches, il demanda la couleur de chacune; cela lui suffit pour la connaître et se la rappeler en comparant dans sa tête le son avec la couleur de la bête. Ici l'ouïe et la mémoire le servaient également.

La nature physique est aussi puissante chez ce jeune homme que chez nous qui avons joui des beautés de l'univers, et pour qui chaque objet est un excitant plus ou moins vif. Mes investigations sur ce point m'ont parfaitement convaincu que le Créateur avait mis dans le cœur de B. Meurnai tous les désirs des autres hommes. Il s'exprimait là-dessus avec cette retenue que nous avons tous, et que pourtant il n'a dû puiser nulle part, si ce n'est dans ses sentimens innés et dans ses affections d'homme; car il n'a reçu aucune éducation, et n'a vécu qu'avec des gens peu instruits.

On ne sera pas étonné, d'après ce que je viens de dire, que cet homme ait compris le langage du cœur, et qu'il ait su en reconnaître les traces là où elles existent. En effet, si deux femmes causent ensemble, non seulement au son de voix il distinguera la plus jeune, mais encore il devinera quelle est la plus jolie. Il va plus loin encore dans ses remarques: il assure qu'une femme nouvellement mariée change promptement de voix, et qu'après une maladie quelconque, la voix sera également très-différente. Les médecins expliquent bien pourquoi, après l'hymen, la voix d'une femme vient à changer; cela se conçoit chez l'homme comme chez les animaux, et surtout chez les oiseaux chanteurs au printemps, et le renflement de la glotte, conséquence des agitations du cœur, donne la solution du problême; mais Hypocrate ne nous dira peut-être pas aussi bien que notre aveugle pourquoi le son de la voix se dénature chez la femme qui sort de maladie (1).

Dans tous les cas, B. Meurnai a remarqué tout cela. Et voici comment ses calculs sont arrivés à ne pas lui faillir: Rencontrant un jour deux femmes qui causaient, il eut la malice de s'informer quelle était la plus jolie; il jugea alors du son de voix de chacune, et comme l'harmonie du langage est un autre genre de beauté et que la nature finit ses ouvrages, il en est résulté pour B. Meurnai qu'une jolie femme est aussi

---

(I) L'expliquera-t-on par la maigreur survenue à la femme? c'est probable, ce me semble, quoique je ne sois pas compétent en cette matière. Quant à nous, cette différence nous échappe; il fallait un aveugle pour nous mettre sur la voie.

une créature à la douce voix. Je vous le demande, pour un homme privé de la vue, n'est-ce pas là un heureux point d'observation ? Ainsi, comme on s'en aperçoit, la perte de la vue n'est rien pour lui ; il ignore ce que c'est que de voir. Et puis il remplace si bien cette faculté ! Ainsi encore par les secours de l'oreille il est aussi frappé de la beauté des femmes que nous pouvons l'être par nos propres regards.

Quant aux personnes qui prennent de l'âge, il a observé que leur son de voix varie beaucoup, et que la perte des dents amène des changemens notables, que nous saisissons assez pe^u nous qui jugeons d'une autre manière, mais que B. Meurnai ne néglige pas du tout. Il avoue qu'en appliquant sa méthode aux hommes, il se trompe quelquefois, mais jamais pour les femmes ; cela tient sans doute à ce que les femmes parlent plus vite aux champs qu'à la ville, en Bresse surtout.

C'est encore à l'aide de l'ouïe qu'il est averti du voisinage d'une pièce d'eau ; quand il en approche, il trouve que *l'eau résonne comme dans un bâtiment !* Pendant les chaleurs, la fraîcheur de l'eau lui indique aussi sa présence ; mais, pour mieux s'en assurer, ordinairement il siffle ou parle à haute voix.

Un jour, il partit seul pour Mâcon. Cette ville est à trois lieues et demie de chez lui. Jamais il n'avait fait cette route. Comprend-on une idée pareille ? Aller ainsi de gaîté de cœur affronter mille périls, dont le moindre était de se rompre le cou à chaque pas ! Il arriva jusqu'au bout sans encombre. Nécessairement, de temps à autre il demandait son chemin ; un homme le fait bien avec deux bons yeux ; mais au retour, se fiant sur ses remarques, il revint la nuit et s'égara. Il est triste et curieux tout à la fois de lui entendre raconter cet accident ; car il fit un chemin immense, tourna plusieurs fois autour de la commune de Perrex qu'il devait traverser, puis enfin parvint auprès de l'église de cette commune, qu'il se hâta de palper. Alors sa joie fut grande, car il se reconnut ; et sans autre guide, seul dans le silence et l'ombre de la nuit, il regagna d'un pied sûr ses pénates alarmés. Que de dangers évités , de tours et de détours il doit avoir présens à l'esprit ! Quel bonheur, on peut le dire, il faut avoir encore pour passer sans accident auprès des fossés, des mares d'eau , des trous remplis de boue , des chemins de toute nature et presque semblables pour un aveugle ; et quel prodigieux effort de mémoire à mettre en jeu pour trouver seul sa route à travers de pareils dédales. Ce serait ici le cas de penser que , comme ces oiseaux voyageurs, ces chiens de chasse volés qui font seuls des routes immenses pour revenir chez leur maître, les aveugles ont un instinct qui les guide à travers l'espace.

On doit certes admettre une pareille idée ; car chez les êtres de cette nature , toutes les facultés , tous les sens sont en jeu ; tous les ressorts sont tendus. Quant à MEURNAI , je ne l'ai pas interrogé là-dessus ; mais j'y reviendrai , car ce fait mérite d'être approfondi. Que peut faire en pleine mer, sans boussole et sans le secours des astres , le pilote le plus expérimenté ? L'aveugle va plus loin ; les pigeons , les chiens de chasse , les vaches perdues en foire regagnent le logis.

B. MEURNAI aime autant marcher la nuit que le jour ; en effet, à quoi lui sert la lumière ? il ignore entièrement son usage ; pour lui, il fait nuit en plein soleil ! Pendant long-temps , il fut berger, et gardait un troupeau de vaches aussi bien que le premier pâtre du monde. Je l'ai souvent rencontré allant aux champs avec ses vaches, je l'observais avec soin sans qu'il se doutât de ma présence. Un jour, j'avais rompu, sur le chemin qu'il devait suivre, une grosse branche de cerisier sauvage où se trouvaient des cerises près de mûrir ; il s'y arrêta fort à propos pour en cueillir. On l'avait averti sans doute de la présence de cette branche , mais c'était déjà beaucoup de la retrouver seul et d'y cueillir des cerises.

Tout cela est extraordinaire sans doute , mais il me semble que c'est peu en comparaison de ce qu'il me reste à dire.

Benoit MEURNAI est un grand dénicheur de merles ; il trouve les nids tout seul : dans les buissons , sur les tronches , il sait

les découvrir ; l'expérience lui a fait voir que les oiseaux ont
un vol différent quand ils quittent subitement leurs nids ; c'est
alors qu'il prête l'oreille, tâtonne et trouve aussi bien le nid
que l'homme le plus clairvoyant. Il monte sur les tronches où
il sait que les merles aiment à nicher, puis il tâte jusqu'à ce
qu'il ait trouvé ce qu'il cherche. Suivant lui, les tourterelles
sont difficiles à découvrir, car elles abandonnent le nid lorsque
on les en a fait sortir deux fois. Les loriots sont de même.
Ainsi voilà des faits intéressans dont les naturalistes feront
leur profit, et c'est un aveugle qui les a découverts.

Si on lui indique un grand arbre où est un nid, un peuplier,
par exemple, il grimpera jusqu'au sommet pour l'avoir ; il ne
craint pas un étourdissement ; car, ainsi qu'il le dit, il n'y
voit rien. Que de dangers pourtant, soit pour monter, soit
pour descendre ! Je lui ai vu prendre des nids de pies au
sommet d'un grand peuplier d'Italie.

Il grimpe sur les cerisiers, et cueille aussi bien les cerises
que le premier venu ; et suivant son expression, *il en mange
plus de bonnes que de mauvaises.* Il récolte seul des noisettes
dans les buissons, sachant partout où il se trouve des noisetiers.
Il connaît toutes les essences de bois du pays à leur écorce ;
il va dans les buissons couper du coudrier, de la clématite,
pour faire des nids de pigeons ou de poules.

Il craint beaucoup le lard rance ; aussi il le reconnaît rien
qu'au toucher, et sans jamais se tromper ; il ne se donne pas
la peine de le sentir pour s'en assurer. Ses doigts lui servent
tous également pour percevoir la forme des corps ; seulement,
pour connaître les personnes et les pièces de monnaie, il em-
ploie l'index et le pouce plus spécialement.

L'ayant conduit un jour dans mon appartement, il tâta la
cheminée. Aussitôt il me fit part de son admiration pour le
beau travail de la pierre : *Nos pierres ne sont pas comme
cela,* dit-il ; *oh ! c'est bien ouvragé !* Il suivait les contours
du dessin, puis tout d'un coup il annonça qu'elle était cassée
et qu'on l'avait raccommodée. En effet, on avait rejoint deux

parties brisées, et on avait rempli le vide par du ciment qui n'était pas aussi poli que la pierre : ce n'est pas ici le cas de dire que cela lui sauta à l'œil, car le pauvre diable était bien aveugle ; mais cela *lui sauta au doigt.*

Pour faire mieux apprécier enfin sa grande perfection du toucher, et démontrer jusqu'à quel point cet organe remplace l'œil, je dirai qu'il va dans les blés ramasser de l'herbe, et qu'il ne mettra pas dans son fagot un seul brin de la tige de cette graminée : il lui faudra plus de temps pour amasser son herbe, mais voilà tout. Ainsi il distingue la flouve au toucher ; il connaît l'avoine, les deux espèces d'orge, et ne se trompe jamais en palpant leurs tiges. Comme on le voit, il est passé maître en ce genre. L'avoine a une grande différence au toucher, il l'a très-bien saisie ; elle est rude, la flouve aussi ; le blé est plus doux. Les deux espèces d'avoine lui sont connues par la différence de leur paille ; quant au grain des deux orges, il est à peu près semblable, et il ne peut en faire la différence.

On doit bien penser que notre aveugle ayant tous les sens exquis, est doué d'une grande perfection dans celui de l'odorat.

En effet, il est très-impressionné par toutes les émanations des corps. L'habitude et la comparaison lui font reconnaître, comme à nous-même, la présence de tel ou tel objet exhalant une odeur ; il craint beaucoup l'ail ; aussi il en accuse la présence même dans une soupe qui cuit, et dès qu'il entre dans la cuisine.

Après avoir parcouru ce qui se rapporte plus spécialement aux sens de notre aveugle, je vais aborder quelques idées générales, qui ont pour but les opérations de l'esprit et de l'imagination.

Ordinairement, un temps pluvieux nous attriste, et l'on pourrait croire que cet état tient chez nous autant aux sensations de l'œil, qu'à l'effet plus ou moins hygrométrique de l'atmosphère. Il faut penser que, chez nous, il n'y a que l'œil qui nous transmette cette impression de langueur et d'abattement causée par la pluie. MEURNAI, qui fut toujours aveugle, n'est nullement attristé par la pluie, elle ne lui communique pas la moindre impression ; il ne sent donc pas comme nous sur ce point.

Il n'a jamais vu l'éclair ; le bruit du tonnerre le surprend, par le motif que rien ne le lui annonce, mais il n'en est point effrayé. On juge de quelque chose de nuisible par ses effets, c'est pourquoi la foudre trouble l'esprit à bien du monde, aux gens nerveux surtout, mais on comprend qu'un aveugle de naissance ne soit pas impressionné par la foudre ; et pourtant cet homme est peureux. Souvent dans les campagnes on a la mauvaise habitude de faire croire aux autres qu'on a vu la nuit des phénomènes extraordinaires, et l'esprit crédule des auditeurs se laisse trop facilement émouvoir par l'idée du merveilleux. B. MEURNAI devait nécessairement bien plus qu'un autre subir cette conséquence. Il y a tel ou tel endroit auprès duquel il ne passera pas, parce qu'il craint d'y rencontrer un être imaginaire, et comme les gens clairvoyans sont souvent effrayés eux-mêmes en pareil cas, il est bien naturel qu'un aveugle le soit et qu'il redoute quelque chose. Ainsi, dit-il, « *J'ai peur la nuit, je crains que Dieu ne veuille m'éprouver* « *de quelque manière*, et mon imagination travaille quand « j'entends parler d'objets ou de dangers extraordinaires » (1). Cependant, il y a des jours où il est bien plus hardi que d'autres. L'imagination, la surexcitation du cerveau, toujours en jeu, sont, chez un homme qui n'a rien vu et surtout qui ne sait rien, deux mobiles puissans pour devenir peureux.

L'habitude lui rend les distances presqu'aussi faciles à calculer qu'à nous-mêmes ; les lieux se classent dans sa mémoire

---

(I) On conçoit ici qu'il s'aperçoit de ce que nous appelons la nuit par cette différence qu'il a remarqué dans nos habitudes.

aussi promptement que notre œil pourrait nous l'indiquer. Mais si l'on dérange quelque chose aux objets qui lui sont usuels, par exemple, si, par malice, on substitue une petite cuillère à la grande dont il se sert pour manger sa soupe, il se trompera en la portant à sa bouche, mais cela ne lui arrivera pas deux fois. Depuis quelque temps, on a changé les chemins vicinaux, et il ne sait plus aussi bien s'y reconnaître. Toutefois, c'est une étude nouvelle qu'il achèvera promptement.

Notre aveugle eût été, je crois, un bon calculateur s'il eût pu recevoir quelques notions d'arithmétique ; il a trouvé combien il y a d'heures dans l'année, soit 8,760 ; combien de minutes, soit 525,600. Il me semble que ces deux opérations sont déjà fortes pour un aveugle dont l'esprit n'a reçu aucune culture ; je puis dire qu'il y a bien peu d'habitans des champs qui soient capables d'en faire autant s'ils n'ont rien appris. Mais B. Meurnai ne calcule pas suivant notre méthode ; il s'en est fait une à lui ; il ne compte pas comme les autres, *il prend à rebours*. Il n'a pu me rendre compte de cette dernière expression.

Ce n'est donc point ce qu'il a pu entendre autour de lui qui lui a montré ce qu'il sait, puisqu'il compte à sa manière. Il avoue, toutefois, que le calcul des centimes lui a beaucoup coûté. La phrénologie trouverait chez Meurnai la protubérance affectée à la mémoire locale, et surtout celle qui dénote l'esprit calculateur. Le siége de cette dernière faculté se place au-dessus de l'œil, soit du sourcil ; Meurnai a dans cet endroit une bosse très-saillante. Il a aussi le globe de l'œil très-saillant, ce qui indique la mémoire des lieux qui se résout chez lui en une sorte d'instinct.

Quoiqu'obligé de se faire pour lui seul une manière d'être et de comparer, quoique privé pour juger des données puissantes que l'œil nous fournit, Meurnai se rend compte de tout et finit par arriver aux mêmes points que nous. C'est ainsi qu'il se rappelle son jeune âge, l'état d'imperfection où il se trouvait alors, et le grand changement qui s'est opéré en lui.

Depuis l'âge de huit ans, *il trouve en lui-même qu'il a beaucoup gagné*. Ainsi il n'a pu se figurer sa petite stature à cet âge, en se comparant à quelque chose qu'il aurait vu, c'est par la pensée seule qu'il reconnaît avoir grandi. La mémoire lui révèle encore à cet égard ce qu'il est devenu ; il remarque qu'il s'est perfectionné dans tout ce qu'il fait.

Il sert de garçon d'écurie ; donnant, sans se tromper, le fourrage et l'eau au bétail. On sait que, dans les étables, l'usage est de porter une brassée de foin ou d'herbe à chaque animal, et que les bœufs ou les vaches sont rangés sur deux rangs opposés ; je rappelle ces circonstances pour montrer tout ce qu'il y a de difficile pour un aveugle à faire ce service ; il monte sur le fenil et fait très-bien ce qu'on appelle la mêlée.

Pénétré du vide immense que cet homme doit avoir dans l'esprit par rapport à nous ; profondément ému des privations sans nombre qu'il doit éprouver pour se rendre compte des objets extérieurs, de toute cette belle nature en un mot, qui nous charme et nous attache à la vie, j'étais bien empressé de savoir le fond de sa pensée sur les merveilles de la création, lui dont l'œil éteint n'a jamais pu en contempler l'image ! Il m'apprit qu'il se faisait une belle idée de Dieu ; car lui aussi songe à tout ce que Dieu à créé ! « Quand j'ai tourné « autour des champs, dit-il, autour des prés, des bois, je « m'en fais une idée parfaite. Je juge de leurs dimensions par « le temps que je mets à les parcourir. En marchant sur le « terrain, je connais sa qualité. » Ainsi, comme on le voit, non-seulement chez lui le sens du toucher existe dans les doigts avec une grande perfection, mais il se révèle encore avec beaucoup de force dans les pieds, même avec des sabots, car c'est sa chaussure ordinaire.

En vérité, examinant cet homme de près, on est tenté de se demander à quoi sert la vue ! Lui, il trouve qu'il ne lui manque rien ; il croit que tout le monde est aveugle comme lui ; il ne peut pas se faire une idée de ce que c'est que de voir clair ! Quand quelqu'un lui dit : Je te vois, cela ne peut lui tomber sous le sens.

Je lui demandai enfin : « A quoi rêves-tu, toi qui n'as jamais rien vu ? » Il me répondit : « *J'ai tout touché, je rêve comme les autres !* » Il me dit qu'il avait entendu raconter qu'il y avait des aveugles qui lisent, qui écrivent et jouent aux cartes, mais qu'il ne pourrait pas en faire autant. Cet homme a appris seul à jouer de la musette, et va quelquefois dans les fêtes de village pour faire danser. C'est merveille vraiment de le voir s'embarquer seul pour telle ou telle destination ; et pourvu qu'il y soit allé une fois, il y retournera sansse tromper : quelle mémoire exercée et que de souvenirs elle doit contenir ! Notre mémoire renferme un champ immense ; l'homme le plus instruit et le plus mémoratif doit avoir le cerveau rempli. Un aveugle intelligent qui réunirait toutes ces mêmes connaissances trouverait encore un espace extraordinaire pour classer ses souvenirs de localités et d'existence. Il me semble qu'il serait important de savoir si, en général, les aveugles sont, comme je le crois déjà, doués d'une grande mémoire. Il serait beau de pouvoir dire à coup sûr que la Providence les a toujours ainsi récompensés de la privation des yeux.

Tel est B. MEURNAI, du hameau des Plaines, commune de Vonnas ! Je crois que la physiologie médicale pourrait s'enrichir en étudiant cet homme. Le philosophe y puiserait sans doute plus d'un enseignement utile ; mais, à coup sûr, en contemplant tant de perfection dans un être aussi disgracié par la nature, l'homme sensible trouvera, dans les compensations nombreuses qui consolent cet aveugle, un motif de plus pour admirer l'Auteur de toutes choses. On a vu dans les villes des aveugles aller dans les rues, sans se heurter ni se tromper de portes ; mais un aveugle qui va à travers champs, qui va de village en village et fait des courses nombreuses dans des lieux où personne ne peut le guider ; en un mot, un être qui a su se rendre familiers presque tous les actes de la vie dont les plus clairvoyans sont capables, assurément celui-là nous offre un merveilleux ensemble à apprécier et un phénomène beaucoup plus grand (1).

A. Sirand.

Nota. On comprendra sans peine que chez un être où toutes les facultés se lient pour accomplir un acte de la vie, il était difficile de mettre beaucoup d'ordre dans les faits qui concernent plus spécialement tel ou tel sens ; cependant, autant que je l'ai pu, j'ai isolé ce qui s'y rapporte.

Je termine par une observation indispensable. Il est des choses que je n'ai pas rendues avec détail, ce qui fait que plusieurs personnes regardent différentes explications de l'aveugle comme inadmissibles ; ce n'est pas ma faute si ce qu'il dit paraît extraordinaire. Je l'ai interrogé, il a répondu, et j'ai consigné ses réponses aussi simplement que possible. Les gens du pays m'ont à plusieurs reprises affirmé la sincérité des faits que je rapporte. Je garantis la plus scrupuleuse exactitude dans mon récit. D'ailleurs notre aveugle est là prêt à satisfaire tout le monde. Il y a en lui bien d'autres merveilles que je n'ai pu encore découvrir ; mais j'espère y revenir.

(I) On m'a parlé d'un aveugle qui voyageait dans plusieurs villes et villages, faisant les commissions et les emplettes de beaucoup de personnes sans jamais se tromper ; puis qui ayant à traverser un pont à son retour, montait sur le parapet en pierre pour passer quand il y avait de l'eau sur le pont. A ses pieds était un précipice d'une énorme profondeur. Cet aveugle faisait la contrebande des montres et les achetait lui-même, ne s'en laissant point imposer sur leur valeur et surtout sur leur matière d'or ou d'argent. Tout cela est très-fort.

BOURG, IMPRIMERIE DE MILLIET-BOTTIER.